Für Franziska

Dieser Text folgt der letzten von Wilhelm Grimm besorgten Ausgabe der
»Kinder- und Hausmärchen, gesammelt durch die Brüder Grimm«, 7. Auflage, Göttingen 1857.

Lektorat Brigitte Hanhart Sidjanski

Lithographie: Photolitho AG, Gossau Zürich
Gesetzt in der Garamond, 14 Punkt. Druck: Proost N.V., Turnhout
ISBN 3 314 00686 1

2 3 4 5 6 03 02 01 00 99

Die Deutsche Bibliothek - CIP Einheitsaufnahme

Die **Sieben Raben** : ein Märchen der Brüder Grimm / gemalt von Henriette Sauvant. – Gossau,
Zürich ; Hamburg ; Salzburg : Nord-Süd Verl., 1995 ISBN 3-314-00686-1
NE: Grimm, Jacob [Hrsg.]; Sauvant, Henriette [Ill.]

DIE SIEBEN RABEN

EIN MÄRCHEN DER
BRÜDER GRIMM
GEMALT VON
HENRIETTE SAUVANT

NORD-SÜD VERLAG

Ein Mann hatte sieben Söhne und immer noch kein Töchterchen, sosehr er sich's auch wünschte; endlich gab ihm seine Frau wieder gute Hoffnung zu einem Kinde, und wie's zur Welt kam, war's auch ein Mädchen. Die Freude war groß, aber das Kind war schmächtig und klein und sollte wegen seiner Schwachheit die Nottaufe haben. Der Vater schickte einen der Knaben eilends zur Quelle, Taufwasser zu holen; die andern sechs liefen mit, und weil jeder der erste beim Schöpfen sein wollte, so fiel ihnen der Krug in den Brunnen.

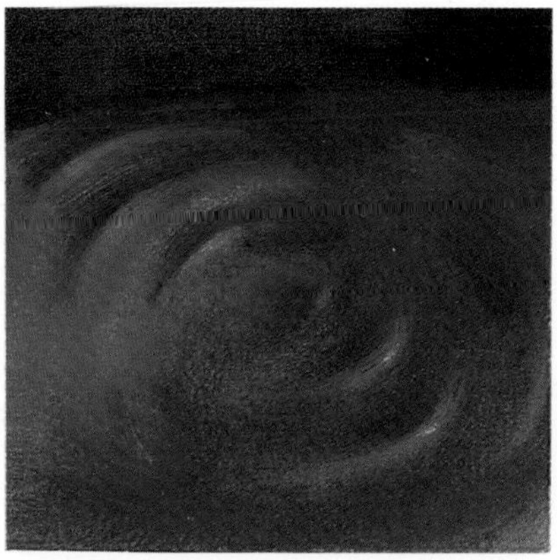

Da standen sie und wußten nicht, was sie tun sollten, und keiner getraute sich heim. Als sie immer nicht zurückkamen, ward der Vater ungeduldig und sprach: »Gewiß haben sie's wieder über ein Spiel vergessen, die gottlosen Jungen.« Es ward ihm angst, das Mädchen müßte ungetauft verscheiden, und im Ärger rief er: »Ich wollte, daß die Jungen alle zu Raben würden.« Kaum war das Wort ausgeredet, so hörte er ein Geschwirr über seinem Haupt in der Luft, blickte in die Höhe und sah sieben kohlschwarze Raben auf und davon fliegen.

Die Eltern konnten die Verwünschung nicht mehr zurücknehmen, und so traurig sie über den Verlust ihrer sieben Söhne waren, trösteten sie sich doch einigermaßen durch ihr liebes Töchterchen, das bald zu Kräften kam und mit jedem Tage schöner ward. Es wußte lange Zeit nicht einmal, daß es Geschwister gehabt hatte, denn die Eltern hüteten sich, ihrer zu erwähnen, bis es eines Tags von ungefähr die Leute von sich sprechen hörte, das Mädchen wäre wohl schön, aber doch eigentlich schuld an dem Unglück seiner sieben Brüder. Da ward es ganz betrübt, ging zu Vater und Mutter und fragte, ob es denn Brüder gehabt hätte, und wo sie hingeraten wären.

Nun durften die Eltern das Geheimnis nicht länger verschweigen, sagten jedoch, es sei so des Himmels Verhängnis und seine Geburt nur der unschuldige Anlaß gewesen. Allein das Mädchen machte sich täglich ein Gewissen daraus und glaubte, es müßte seine Geschwister wieder erlösen. Es hatte nicht Ruhe und Rast, bis es sich heimlich aufmachte und in die weite Welt ging, seine Brüder irgendwo aufzuspüren und zu befreien, es möchte kosten, was es wollte. Es nahm nichts mit sich als ein Ringlein von seinen Eltern zum Andenken, einen Laib Brot für den Hunger, ein Krüglein Wasser für den Durst und ein Stühlchen für die Müdigkeit.

Nun ging es immerzu, weit, weit, bis an der Welt Ende. Da kam es zur Sonne, aber die war zu heiß und fürchterlich und fraß die kleinen Kinder.

Eilig lief es weg und lief hin zu dem Mond, aber der war gar zu kalt und auch grausig und bös, und als er das Kind merkte, sprach er: »Ich rieche, rieche Menschenfleisch.«

XXVIII R.

Da machte es sich geschwind fort und kam zu den Sternen, die waren ihm freundlich und gut, und jeder saß auf seinem besondern Stühlchen. Der Morgenstern aber stand auf, gab ihm ein Hinkelbeinchen und sprach: »Wenn du das Beinchen nicht hast, kannst du den Glasberg nicht aufschließen, und in dem Glasberg, da sind deine Brüder.«

Das Mädchen nahm das Beinchen, wickelte es wohl in ein Tüchlein und ging wieder fort, so lange, bis es an den Glasberg kam. Das Tor war verschlossen, und es wollte das Beinchen hervorholen, aber wie es das Tüchlein aufmachte, so war es leer, und es hatte das Geschenk der guten Sterne verloren. Was sollte es nun anfangen? Seine Brüder wollte es erretten und hatte keinen Schlüssel zum Glasberg. Das gute Schwesterchen nahm ein Messer, schnitt sich ein kleines Fingerchen ab, steckte es in das Tor und schloß glücklich auf.

Als es eingegangen war, kam ihm ein Zwerglein entgegen, das sprach: »Mein Kind, was suchst du?« »Ich suche meine Brüder, die sieben Raben«, antwortete es. Der Zwerg sprach: »Die Herren Raben sind nicht zu Haus, aber willst du hier so lang warten, bis sie kommen, so tritt ein.« Darauf trug das Zwerglein die Speise der Raben herein auf sieben Tellerchen und in sieben Becherchen, und von jedem Tellerchen aß das Schwesterchen ein Bröckchen, und aus jedem Becherchen trank es ein Schlückchen; in das letzte Becherchen aber ließ es das Ringlein fallen, das es mitgenommen hatte.

Auf einmal hörte es in der Luft ein Geschwirr und Geweh, da sprach das Zwerglein: »Jetzt kommen die Herren Raben heimgeflogen.« Da kamen sie, wollten essen und trinken und suchten ihre Tellerchen und Becherchen. Da sprach einer nach dem andern: »Wer hat von meinem Tellerchen gegessen? Wer hat aus meinem Becherchen getrunken? Das ist eines Menschen Mund gewesen.« Und wie der siebente auf den Grund des Bechers kam, rollte ihm das Ringlein entgegen. Da sah er es an und erkannte, daß es ein Ring von Vater und Mutter war, und sprach: »Gott gebe, unser Schwesterlein wäre da, so wären wir erlöst.«

Eine Auswahl aus dem NORD-SÜD VERLAG

Hexenfest für Merrilu
Christa Unzner
Dorothea Lachner
Hexe Merrilu lernt, dass Hexenkönnen weniger wichtig ist, als das zu tun, was man kann.

Winnie und die wilden Wölfe
Valeri Gorbatschow
Mama Kaninchen weiß Rat, als ihre Kinder sich vor den Wölfen fürchten.

Kleiner Bär, ich wünsch dir was
Marcus Pfister
So viele tolle Glückwünsche zum Geburtstag! Da fällt dem kleinen Bären fast nichts mehr ein, was er sich selber beim Kerzenausblasen noch wünschen soll.

Der gestiefelte Kater
Charles Perrault
Giuliano Lunelli
Als der jüngste Müllerssohn nur einen Kater erbt, ist er traurig. Noch weiß er ja nicht, was dieses pfiffige Tier alles kann!

Weißt du, was ich werden will?
Peter Horn
Cristina Kadmon
Der Schildkrötenjunge Sebastian erzählt seinem Vater, was er alles werden will, wenn er groß ist: Pirat, Feuerwehrmann – oder doch Papa?

Keine Bange, liebe Schlange
Rolf Siegenthaler
Was tut eine Riesenschlange im Zoo? Sie langweilt sich. Da bringt eine kleine Maus Spannung in den tristen Alltag. Gemeinsam macht sich das ungewöhnliche Duo auf den Weg in die Freiheit.

Stille Nacht, heilige Nacht
Maja Dusíková
Stimmungsvolle Bilder helfen den Kindern den Sinn des bekanntesten Weihnachtsliedes zu verstehen. Das Buch klingt aus mit den Noten zu „Stille Nacht, heilige Nacht".

Mamma mia! was haben wir geweint
Gardi Hutter
Catherine Louis
Ein Planet, auf dem das Weinen so positiv erlebt wird wie bei uns das Lachen? Ist das nun zum Lachen oder zum Weinen? Eine witzige Geschichte, die zeigt, dass beides zum Leben gehört.

Ich bin die stärkste Maus der Welt
Udo Weigelt
Nicolas d'Aujourd'hui
Eine Geschichte vom Starksein, von guten Freunden und von der schönsten Geburtstagsüberraschung überhaupt!

Peter und der Wolf
Sergej Prokofjew/Gerlinde Wiencirz
Julia Gukova
Wer kriegt wen? Die Katze die Ente, der Wolf die Katze oder wird gar der Wolf vom Jäger erwischt? Eine witzige Illustration des musikalischen Märchens von Sergej Prokofjew.

Kleiner Eisbär, Pit, Hoppel & Co.

Ein kleiner Eisbär in Afrika

Der kleine Eisbär im Schiff

Der kleine Eisbär trifft Lea

Der kleine Eisbär hilft Theo

Der kleine Eisbär in der Klemme

Der kleine Eisbär ist mutig

Olli möchte ein Geschwisterchen

Das grosse Urwaldkonzert

Winterschlaf im sonnigen Süden

Das Spiel zum kleinen Eisbären

Hoppel stellt tausend Fragen

Hoppel geht auf Entdeckungsreise

Hoppel sucht den Osterhasen

Hoppel traut sich ins Wasser

Hoppel wagt etwas und lernt

Bücher für die Kleinen

Pit möchte fliegen

Pit auf Entdeckungsreise

Pit wird erwachsen

Papa Pit sucht Tim

Spiele zum Regenbogenfisch

Regenbogenfisch-Memo-Spiel

Pits neue Abenteuer

Eine schöne Überraschung!

Post zu allen Jahreszeiten

Eine Gutenachtgeschichte

Regenbogenfisch-Quartett

Von Streit und Vorurteilen

Tier und Technik auf dem Hof

Piro rettet einen Hund

Ein bekanntes Märchen

Die Geschichte macht Mut

Pappbilderbücher für die ganz Kleinen

Bücher von Marcus Pfister mit Glitzer-Diffraktionsfolie

Teilen macht Freude

Helfen braucht Mut

Von Streit und Versöhnung

Klein, aber mutig

Eine Weihnachtsgeschichte

Eine Geschichte mit einem glücklichen und einem traurigen Ende

❏ Ich wünsche die regelmäßige Zustellung des **Gesamtverzeichnisses** (einmal pro Jahr)

Ich lese selber

Für Leseanfänger • Zum Vorlesen • Zum Selberlesen

Gilt für jeden Band: Durchgehend farbig illustriert; Format 14,3 x 21,0 cm; sFr.12.80/DM 12,80/öS 93,–

Hans de Beer
Der kleine Eisbär und der Angsthase
1. Lesestufe

K. Reider/
A. von Roehl
Nicks kleine Nixe
1. Lesestufe

H. Krekeler/
M. Rieper-Bastian
Die Leute von Muzgigl
1. Lesestufe

W. Hänel/K. Höcker
Mia, die Strandkatze
1. Lesestufe

Burny Bos/
Hans de Beer
Familie Maulwurf Bitte recht freundlich!
1. Lesestufe

G. M. Scheidl/
G. Dürr
Florian, was machst du da?
1. Lesestufe

W. Hänel/M. Broeske
Die Räuber vom Geistermoor
2. Lesestufe

G. Wagener/
U. Waas
Fetzer jagt die Maus
2. Lesestufe

U. Scheffler/I. Gider
Der schlaue Fuchs Rinaldo
2. Lesestufe

W. Hänel/
Ch. Unzner
Anna Nass Die Neue kommt!
2. Lesestufe

K. Ruepp/U. Heyne
Nebelpferde
3. Lesestufe

U. Schubert/
W. Slawski
Hannes geht zum Mädchen-Geburtstag!
3. Lesestufe

ABSENDER (bitte in Blockschrift):

....

....

....

....

Plüschtiere zu den Büchern

Bitte ausreichend frankieren

....

....

....

....

Badetuch
Kleiner Eisbär Rettungsring

Buchbestellungen richten Sie bitte an Ihre Buchhandlung.
Gesamtverzeichnisse können direkt beim Verlag angefordert werden.

Nord-Süd Verlag AG
Industriestrasse 8
CH-8625 Gossau Zürich

Nord-Süd Verlag AG
Poppenbütteler Chaussee 53
D-22397 Hamburg

Nord-Süd Verlag AG
Bonauweg 11
A-5020 Salzburg

Wie das Mädchen, das hinter der Tür stand und lauschte, den Wunsch hörte, so trat es hervor, und da bekamen alle die Raben ihre menschliche Gestalt wieder.

Und sie herzten und küßten einander
und zogen fröhlich heim.